AF260347

Parmi le thym en la rosée

Matelot baleinier

Une bien grande bête.

Pois verts ! pois verts !
A la barque ! à la barque !

LES PREMIERS EXERCICES DE LECTURE

HISTORIETTES

DÉDIÉES AUX PETITS ENFANTS

PARIS
A. BÉDELET
ÉDITEUR

LES PREMIERS

EXERCICES DE LECTURE

HISTORIETTES

DÉDIÉES AUX PETITS ENFANTS

PARIS

AMÉDÉE BÉDELET, LIBRAIRE-ÉDITEUR

RUE SÉGUIER, 14

1867

Adam et È-ve, que Dieu a-vait pla-cés dans le pa-ra-dis ter-res-tre, lui dé-so-bé-i-rent : ils man-gè-rent un fruit que Dieu avait dé-fen-du de tou-cher et ils fu-rent chas-sés du pa-ra-dis.

Dieu dit à A-dam : « La ter-re est mau-di-te à cau-se de toi ; el-le ne pro-dui-ra pour toi que des ron-ces et des é-pi-nes, tu n'en ti-re-ras cha-que jour ta nour-ri-tu-re qu'a-vec un grand tra-vail. »

Et le Sei-gneur mit Adam et È-ve hors du jar-din de dé-li-ces pour qu'ils al-las-sent la-bou-rer la ter-re.

De-puis ce temps, tout le mon-de tra-vail-le; mais, quand on y met de la bon-ne vo-lon-té, on y trou-ve du plai-sir. On se-rait très-mal-heu-reux si des hom-mes n'a-vaient beau-coup é-tu-dié pour de-ve-nir mé-de-cins, a-fin d'ap-pren-dre com-ment on gué-rit les en-fants ma-la-des ; si les ma-mans ne sa-vaient pas cou-dre, vous n'au-riez pas de bel-les pe-ti-tes ro-bes bien chau-des; tra-vail-lez, donc pe-tits en-fants, a-fin d'en con-trac-ter l'ha-bi-tu-de, car, quand vous se-rez grands, vous re-gret-te-riez d'a-voir é-té un en-fant pa-res-seux.

Je con-nais des pe-ti-tes fil-les qui sa-vent dé-jà
fai-re des vê-te-ments pour les pau-vres. El-les
pen-sent à la joie qu'au-ront les mal-heu-reux
en se vo-yant si pro-pres le di-man-che, et il
se trou-ve qu'el-les ont fait, sans s'en-nu-yer,
de grands our-lets. Rien qu'en les vo-yant,
u-ne pa-res-seu-se se sen-ti-rait le dé-sir de
tra-vail-ler.

Quand on a é-crit u-ne bel-le pa-ge bien pro-pre, qu'on a ré-ci-té u-ne jo-lie fa-ble, ou u-ne his-toi-re de la Bi-ble, on trou-ve bien bon de cou-rir, de jou-er a-vec ses frè-res et sœurs.

A-lors, on est de bon-ne hu-meur, on a vi-te choi-si son jeu, on ne se que-rel-le pas. Mais quand on a joué tou-te la jour-née, on n'y trou-ve plus de plai-sir, le che-val de bois

ne sem-ble plus ga-lo-per, et la pou-pée, las-se de re-ce-voir des vi-si-tes et de met-tre tou-tes ses ro-bes, res-te les yeux fi-xes et la bou-che ou-ver-te com-me u-ne sot-te.

Vous voilà rouges et tout essoufflés, c'est assez courir; reposez-vous. Je vais vous dire un conte.

Il y avait une brave petite femme que ses voisins appelaient Furette, parce qu'elle était leste, active et un peu curieuse.

Un jour, Furette, en balayant sa petite chambre, trouva une pièce de monnaie toute neuve, qui remplissait tout le creux de sa petite main.

— « Qu'est-ce que j'achè-terai avec cela? dit-elle. Des bouffettes de rubans pour mes petits souliers? Non, un ortolan rôti pour mon déjeuner. »

Ah! quelle surprise! pendant qu'elle parlait, la pièce diminuait, diminuait.... « Si je la gardais dans mon armoire ? » dit Furette qui la serrait bien fort. Pour le coup, la pièce devint aussi petite qu'une paillette. — « Eh ! non ! j'en achèterai un bon fauteuil pour ma grand'mère infirme. » Et voilà que la main de Furette fut toute pleine de pièces neuves, elle ne pouvait plus les tenir, elle en remplit son tablier !

Ce que je viens de vous dire est un conte. Il n'y a point de pièce merveilleuse comme celle de Furette. Mais vous avez compris qu'elle eut raison de n'être ni coquette, ni gourmande, ni avare, qu'il faut faire du bien à tout le monde, et soigner ses vieux parents.

A présent, je vais vous raconter des histoires très-vraies, et tout aussi extraordinaires.

Il y a dans les airs de petites ouvrières très-habiles, qui vont prendre dans les fleurs de la cire et le miel si sucré que vous aimez. A-vec la cire, elles bâtissent des petits cabinets qui ont six murs bien

égaux. Elles y mettent leurs petits ou leurs provisions de miel pour l'hiver. Ces petites ouvrières sont des mouches, que l'on appelle abeilles.

Il y a au bord des eaux de bons ouvriers qui savent scier des branches avec leurs dents, planter des pieux dans la terre, et se bâtir des cabanes, en recouvrant les morceaux de bois avec de la terre

qu'ils ont pétrie, et qu'ils étalent en la frappant de leur queue. Ce sont les castors.

Il y a sous terre des travailleuses qui construisent des petits villages tout entiers, où il y a des rues et des places. Vous les verrez courir toutes chargées de brins de bois, de paille, et de foin sec. Ce sont les fourmis.

Vous avez vu les nids que les petits oiseaux construisent pour placer leurs œufs à l'abri du froid. Ils vont au loin, dans les champs, ramasser les petits brins de jonc, le duvet des chardons, et les flocons de laine, que les moutons ont laissée aux épines en passant près des buissons. Vous voyez comme dans le monde tout travaille.

Le bœuf traîne la charrue du laboureur. Croyez-vous que le cheval ne soit au monde que pour être attelé à votre belle voiture, enfant riche et heureux ? Non, souvent il aide ou remplace le bœuf. Le pauvre âne, aussi patient, aussi courageux qu'il est entêté, apporte au marché les légumes, les fruits, les œufs que donnent les poules, le lait le beurre et le fromage à la crème qui proviennent de la vache. Toutes ces pauvres bêtes vous servent toujours, elles ne jouent jamais, elles. Le bon Dieu vous a faits leur maître ; petits garçons et petites filles, comprenez cela, et remerciez-le tous les jours. Vous ne pouvez rien donner à Dieu, mais il sera content de vous si vous l'aimez et si vous prenez soin des pauvres.

Vous voilà tout surpris, mon gros Robert; parce que vous n'avez point d'argent, vous croyez ne pouvoir faire l'aumône? Moi, je vous assure que vous êtes très-riche. N'avez-vous pas, quand vous êtes sage, une petite mine très-réjouissante? Eh bien, au lieu de faire le fier à cause de la plume qui orne votre toque, lorsque vous passerez près de votre voisin le charbonnier, ne vous reculez pas si son enfant s'approche, et dites bonjour à ce marmot d'un air aimable; ses parents seront contents et ce sera une satisfaction que vous aurez donnée, c'est quelque chose.

Ne déchirez pas vos vieilles images, ne cassez pas vos joujoux. A mesure que vous deviendrez grands, vous les donnerez à ceux qui n'ont rien pour jouer.

Ne mangez pas tout le sucre que votre bonne vous donne; vos dents seront plus belles, et vous enverrez ce sucre au petit voisin qui a la coqueluche, et il ne pleurera plus pour boire sa tisane.

Appliquez-vous beaucoup à bien lire ; votre maman vous donnera des bons points, et votre père vous les payera ; ainsi vous remplirez votre petite bourse. Courage ! il ne faut guère que quatre pièces de vingt centimes pour acheter un gros pain qui nourrira pendant deux jours une pauvre veuve et ses petits orphelins.

Aussitôt que Ève eut mangé le fruit défendu, elle s'aperçut qu'elle avait eu tort d'écouter le serpent. Mais il n'était plus temps de se repentir.

C'est toujours comme cela : toutes les petites filles de notre mère Ève, tous les petits garçons du père Adam, sont comme eux, désobéissants, gourmands et curieux. Aucun d'eux ne saurait être assez sage pour demeurer dans le beau jardin du paradis.

Les mamans sont comme le bon Dieu : elles s'aperçoivent toujours de toutes les sottises que les bébés croient si bien cachées.

Elles savent voir les marques des petites dents sur les poires, et trouver les macarons entamés ; elles connaissent le compte des pastilles. Toto a eu beau lécher ses doigts, après les avoir plongés dans un pot de confitures, sa gourmandise est écrite sur sa manche : il y a une tache de gelée de groseille que sa mère verra en le déshabillant.

Il suffit d'une chaise placée de travers pour prouver que mademoiselle Lili a grimpé afin de prendre sur la toilette le flacon d'eau de Cologne ; *et cætera.*

Ah ! on en raconterait longtemps des histoires de bébés gourmands, de petites filles étourdies, et sans soins et des histoires très-tristes d'enfants désobéissants qui se sont blessés, brûlés, perdus, tués pour avoir touché à tout, grimpé partout !

LE LOUP ET L'AGNEAU

La raison du plus fort est toujours la meilleure ;
Nous l'allons montrer tout à l'heure.

Un agneau se désaltérait
Dans le courant d'une onde pure.
Un loup survint à jeun, qui cherchait aventure,
  Et que la faim en ces lieux attirait.
« Qui te rend si hardi de troubler mon breuvage ?
  Dit cet animal plein de rage :
Tu seras châtié de ta témérité.
— Sire, répond l'agneau, que Votre Majesté
  Ne se mette pas en colère ;
  Mais plutôt qu'elle considère
  Que je vas me désaltérant
    Dans le courant
Plus de vingt pas au-dessous d'elle ;
Et que, par conséquent, en aucune façon
  Je ne puis troubler sa boisson.
— Tu la troubles ! reprit cette bête cruelle ;
Et je sais que de moi tu médis l'an passé.
— Comment l'aurais-je fait si je n'étais pas né ?
  Reprit l'agneau ; je tette encore ma mère.
  — Si ce n'est toi, c'est donc ton frère.
  — Je n'en ai point. — C'est donc quelqu'un des tiens.
    Car vous ne m'épargnez guère,
    Vous, vos bergers et vos chiens.
On me l'a dit : il faut que je me venge. »
    Là-dessus, au fond des forêts.
    Le loup l'emporte, et puis le mange,
    Sans autre forme de procès.

C e pauvre agneau-là était sans doute un enfant désobéissant qui s'était éloigné de sa mère, pour avoir l'air d'être son maître. Mais convenez qu'il était très-brave de vouloir ainsi faire entendre raison à un loup au lieu de se sauver.

Je connais certains bébés qui crient bien fort quand ils ne voient plus leur bonne, qui ne veulent pas dormir sans lumière ou dans une chambre fermée; cela est honteux; surtout pour un garçon qui joue au soldat, et qui aura dimanche un costume de *n'homme*, comme son papa.

FIN

PARIS. — IMP. SIMON RAÇON ET COMP., RUE D'ERFURTH, 1.

LES NOUVEAUX ROBINSONS

AVENTURES EXTRAORDINAIRES DE DEUX ENFANTS QUI CHERCHENT LEUR MÈRE

PAR EUGÉNIE FOA

1 vol. petit in-8°, illustré de lithographies par Durcy.

Prix { broché avec les gravures en noir. . 3 fr. 25
{ « avec les grav. coloriées. . . 4 fr. 50

Cartonnage chromo, 75 c. — ¼ rel. maroq., 2 fr.

Ce vol. fait partie de la Bibliothèque illustrée, dédiée à la jeunesse, 27 volumes in-8°.

LA MER ET LES NAVIRES

ALBUM DES PETITS BAIGNEURS

LITHOGRAPHIES DE M. LEBRETON

TEXTE PAR UN MARIN

Joli vol. grand in-8° oblong, cartonnage élégant, dos en toile

Prix { avec les gravures en noir. . . 3 fr.
{ avec les gravures coloriées . . 5 »

LES OISEAUX

DESCRIPTION DES PRINCIPALES ESPÈCES D'OISEAUX D'EUROPE

Dessins et gravures par MM. Pauquet frères.

1 joli vol. grand in-8°, avec illustrations dans le texte.

Prix { fig. noires, cartonnage riche, dos en toile. 3 fr.
{ fig. coloriées. « 5 »

Ces deux ouvrages font partie de la collection d'albums
SCIENCE POUR RIRE, 12 vol.

OUVRAGES DIVERS

NOUVELLE GÉOGRAPHIE EN ESTAMPES

Revue pittoresque de l'univers, nouvelles, contes, légendes et aperçus historiques sur les mœurs, usages, costumes des différents peuples, par MM. Al. Vanauld, Ch. Richomme et Castillon, professeur au collége Sainte-Barbe. 1 beau volume grand in-8, illustré par A. Leloir, Hadamar et Saint-Germain.

SCÈNES ET RÉCITS HISTORIQUES

Tirés de l'histoire de France, par Mme Eugénie Foa, classés et revus par Élisabeth Muller. Ouvrage dédié à la jeunesse. 1 beau vol. grand in-8, illustré de gravures.

LE GÉNIE DE L'INDUSTRIE

Études et Nouvelles sur les plus célèbres inventeurs et industriels, sur leurs découvertes et la profession qu'ils ont illustrée, par feu Alfred Vanauld, continué par Anatole Chailly. Illustré de 12 dessins à deux teintes par Mme Héloïse Leloir. 1 beau vol. gr. in-8.

PRIX DE CHACUN DE CES TROIS VOLUMES
Figures noires, broché : 6 fr. — Figures coloriées : 8 fr.
Demi-reliure, tr. dorée : 3 fr. 50 c.

L'ÉCOLE DES VERTUS

Études et Nouvelles, par feu Vanauld, recueillies et mises en ordre par Mme Julie Nesmond, née Vanauld. Ouvrage dédié à la jeunesse. 1 vol. grand in-8, illustré de lithographies à deux teintes par A. Giraud.
Prix en noir : 3 fr. — Colorié : 4 fr.
Demi-reliure, tr. dorée : 2 fr. 50 c.

VOYAGES ET AVENTURES DE BOB L'ÉCUREUIL

Représentés par un grand nombre de gravures sur acier, soigneusement coloriées, avec texte traduit de l'anglais. 1 joli vol. miniature in-48. 75 c.

BOITES

TRÈS-ÉLÉGANTES

RENFERMANT LES GRAVURES DES OUVRAGES SUIVANTS

COLORIÉES ET COLLÉES SUR CARTON

AVEC TEXTE EN UN CAHIER FORMAT GRAND IN-4.

LE JARDIN DES PLANTES

20 tableaux de la Ménagerie et de la vallée suisse représentant un grand
nombre d'animaux.

L'HISTOIRE SAINTE

24 tableaux de l'Ancien et du Nouveau Testament.

GÉOGRAPHIE PITTORESQUE

Types et Costumes des différents peuples de l'univers ; 24 tableaux.

L'HISTOIRE DE FRANCE

24 tableaux d'après les dessins de M. Leloir.

LES ROIS DE FRANCE

Les Empereurs, les principales Reines, Impératrices, Régentes, etc.
20 tableaux.

Prix de chacune de ces boîtes. . . . 13 fr.

L'AQUARIUM ET LES ANIMAUX

Du Jardin d'acclimatation, 12 tableaux grand in-8 . . . . . . 8 fr.